JN438568

# 나만
# 외로운 줄
# 알았어

# 나만 외로운 줄 알았어

박가박 시집

도서출판 천우

## | 시인의 말 |

나는 글을 쓸 때나 책을 읽을 때나 감정에 복받쳐 자주 운다.

있는 감정 그대로 펑—펑 쏟아낼 수 있어 행복하다.

그래도 아직까지 메마른 사막에 다다르지 않은 나의 심성에 감사할 따름이다.

그렇기에 울 때는 실컷 운다.

나약함을 극복한 인간 승리의 모습을 접할 때면 축하의 박수와 함께 눈물을 흘린다.

승리자에게 보내드리는 감사의 눈물이다.

꽃이 피고 지는 것은 자연의 만용(蠻勇)에 걸려든 꼭두각시가 아니다.

그리워서 피었고 외로워서 피었고 예쁘게 봐달라고 피었다.

계절의 변화에 순응하고 타협하며 아름답게 살다 지고 싶어 피었다.

공동 사회에서 해악(害惡)을 끼치는 독선(獨善)은 독가스다.

하얀 구름처럼 선선한 바람처럼 훤하고 순박한 박꽃처럼 살다 가자.

누굴 미워한다거나 증오한다거나 그러지 말자.

너무 짧은 게 우리네 인생 아니던가!

이러다 보니
또 하루 흘러간다.

아깝다!

2024년

사인암에서 봄을 기다리며

## 제01부 꽃가람에 발을 담그고

## 제02부 아카시아꽃 나 몰라라 필 때면

## 제03부 창가에 홀로 앉아 있다 보면

## 제04부 소쩍새 울음 울던 봄날

## 제05부 사랑이라는 것

## 제 06부 꿈만 같았던 세월

제01부

# 꽃가람에 발을 담그고

## 님 생각

늘솔길 걸어 봅니다

아리아 머물다
숨어 버렸을 것만 같은 고요한 숲

나비 한 마리
그린나래 펄럭이며 날아갑니다

그리운 님
한없이 보고 싶을 때마다

두근거렸던
꽃잠 잊을 수 없습니다

너나들이
엊그제 같은데

손가락
세어 보니 석삼년 흘렀습니다

는개 내립니다

산까치
외로운 날 자꾸만 어지럽게 합니다

# 고향의 봄

노루
산토끼
뛰놀던 뒷동산

이맘때
산길 따라 걷다 보면
진달래꽃 울긋불긋 피어 있었지

살얼음
녹아내린 개울가에도
버들강아지 파릇파릇 눈을 뜨고

청보리 새싹
나풀나풀 춤추는 들판
종다리 짝을 지어 날아올랐지

저만치
멀어져 가는 아지랑이 속
장끼 한 마리 푸드득 날아들고

나물 캐는
처녀들 노랫소리
가슴께나 설레게 하였지

해 지는 줄 모르고
고샅길 모여 앉아
낄—낄 웃고 놀던 아이들

남모를
아픈 추억 묻어 두고
하나둘 어디론가 떠나갔지

모락모락
피어오르는 굴뚝 연기
초가지붕 맴돌다 사라지듯

정(情) 하나
붙들지 못하고
살아가는 낯설은 타향에서

연분홍
꽃치마 두르고 있는
고향의 봄 꿈속에서 만났지

# 살구꽃

니가 그랬잖아
나만 보면 이뻐 죽겠다고

청순(淸純)함에 홀딱 반해
가녀린 날 안아 보고 싶다 했잖아!

얼마나 설레었던지
눈만 뜨면 연지곤지 찍어 발랐지

그랬던 너
날 하찮게 여겨 그랬는지 모르겠지만

귀띔 한마디 없이
별찌처럼 떠나 버리고 말았지

망울 맺힌
그리움 어찌할 바 모르고 출렁일 때

안달이 난
이 바람 저 바람 등쌀에

너의 얼굴
가물가물 잊혀져 갔지

그러던
어느 봄날

하늘하늘
흩날리다 얽혀 버린 가시내

바람난
춘향(春香)이가 되었지

# 봄날

봄 향기에
사로잡힌 심장소리

넓은 들
가로질러 타오르고

가지마다
설렘으로 피어난 꽃

바람에
실려 온 그리움이었네

겨우내
기다림 하나로 살아온 얽힌 믿음

끝 모를
답답함에 속가슴 풀어 헤치고

아지랑이
치마 속 뛰어들어 춤을 춘다

아—
어찌할 거나

미치도록
흔들리는 이 마음을

# 그미 찾아 가는 길

찔레꽃 머리

종다리
포롱거리는 청보리밭 지나

푸실에 살고 있는
그미 찾아 걸어갑니다

감푸른 하늘
꽃가람에 발을 담그고

시나브로
불어오는 소소리바람

달보드레
웃고 있는 그리움 불러옵니다

길가 온
달려 나온 뉘 집 강아지

낯선 이
반가운지 뱅뱅 돌며 꼬리 흔들고

돌담 옆
망울 맺힌 노오란 개나리꽃

그미 닮아
날 설레게 합니다

## 사랑은 꽃비처럼

사랑은
꽃비처럼 날아왔습니다

은밀한 밀어
눈 감고 찾아봐도 없었던 우리

매화꽃 피던
이른 봄날이었습니다

언제나
그랬던 것처럼

뚝길 따라
나란히 걷고 있었지요

꽃이파리
바람난 바람에 흩날립니다

설익은
끈에 묶여 투사되지 못했던 사랑

도랑물
넘치듯 몸부림칩니다

참지 못해
그대 손 살며시 잡아 보았습니다

내 안
깊숙한 곳 파고드는 뜨거움

몽환적(夢幻的)
보랏빛깔 밀려듭니다

나도 모르게
와—락 끌어안고 말았습니다

우린
한참을 그렇게 있었습니다

꽃비처럼
찾아온 사랑 방긋 웃고 있었습니다

# 약속(約束)

라일락 향기
몸에 두른 봄바람

보리밭
가로질러 다가옵니다

마음 들떠
하나둘 고향 떠난 친구들

혼자서
바보인 척 살아가는 이유 있습니다

언제적이었던가
산골 마을 우연히 내려온 서울 총각

예쁘다며
라일락 꽃 한 송이 꺾어 주며 하던 말 있었습니다

"어서 커—
내 각시 되어 달라"던 말 한마디에

빨개진
두근거림 주체할 수 없었습니다

고개만
끄덕였던 철썩 같은 약속

지금까지
기별조차 없는 사람인데도

우체부
아저씨 지나가는 인기척에

싸릿문 밖
뛰어나가 서성입니다

수많은 별들마냥
말없이 사라지고 만 걸까

올봄에도
미치도록 흔들어 대는 라일락 향기

그때
그 약속 하나 때문에

이러지
저러지도 못하고 살아갑니다

## 당신밖에 몰라요

난
당신밖에 몰라요

어느 뉘
어찌해 볼까 싶어 찔벅댄다 해도

난
당신밖에 모른답니다

지나가는 바람
그때 그 바람처럼 불어오고

산허리마다
이 꽃 저 꽃 피어나도

난
당신만 생각하며 살아갑니다

비가 내립니다

그리움
한 아름 끌어안고 걸어 봅니다

비바람에
흔들리는 꽃이파리 바라봅니다

구슬피
울어 대는 뻐꾸기 울음소리 들려옵니다

참아왔던
나의 그리움 울고 맙니다

당신밖에
모르고 살아가는 난

아직도
당신을 보내드리지 못하고 있답니다

# 하얀 나비

하얀 나비 날아와
꽃밭에 앉았습니다

화장도 하지 않은
창백한 얼굴

햇살에 그을릴까
벙거지 눌러쓰고 앉았습니다

여울목 더듬는
시냇물 소리 들려오고

꽃잎 가르는
연둣빛 봄바람 불어옵니다

물밀듯
젖어 드는 슬픔

가녀린 꽃
송이송이 어루만져 봅니다

이유도
모르는 이별 앞에

울—컥
울어 버리고 말 것 같은 하얀 나비

너무 쉽게
사랑을 허락했던 어리석음

슬픔 되어
끓어오르는 아픔입니다

상처만 남겨 놓은
그대와의 만남

잊어야 하기에
차곡차곡 접어 봅니다

# 화조사(花鳥使)

봄의 영혼(靈魂)
아지랑이

화류동풍(花柳東風) 끌어안고
아른아른 피어오르고

두견이
울음소리에

망울망울
맺혀 있던 꽃망울 옷고름 풀어 헤친다

내
상관할 바 아니다만

고귀하고
순결한 꽃 아니어도 좋다

값싼
푸성귀 팔려 나가듯

아무에게나
덥석 안겨 희쭉거리는

헤픈
꽃으로 피어나지만 말아다오

이렇게 좋은 봄날
갈 길 바쁜 화조사(花鳥使)

사나흘째
너만 보고 서 있다

# 당신

당신
떠나시던 날

웬 비
주룩주룩 내리고

흠뻑
비에 젖은 장끼 한 마리

써레질해 놓은
논배미 내려앉았습니다

아마도
그 누구 기다리고 있는 듯

애절한
그 심정 알 것 같습니다

일손 놓고
먼 산만 바라보며 살다 보니

어느새
잡초 우거진 풀밭 되었습니다

이 밤
당신 생각하며 걸어 보는 논두렁

써레질하던 날

집 잃은
땅강아지 길 떠나던 모습 밟혀오고

남몰래
끌어안고 뒹굴던 개구리 한 쌍

들킬세라
바짝 엎드려 있던 밤 떠오릅니다

구름 위
걸터앉은 달 궁뎅이

이제
만날 수 없는 당신 닮았습니다

차마
잡았던 손 놓지 못해 울먹이던

당신 모습
지워지지 않는 밤입니다

# 친구(親舊)

달롱개 향(香)
솔—솔 풍기는

부침개
한 젓가락 집어 들고

탁배기
한 사발 쭈욱 들이켠다

울긋불긋
앞다퉈 시집가는 꽃 보러

산 들새
하객(賀客)으로 바삐바삐 오가고

날
보고 싶어 먼 길 달려온 친구

한참
끌어안고 떨어질 줄 모른다

아직도
처녀 때처럼 수줍음 타는 아내

군침 도는
곡우(穀雨)사리 구워 올리고

껄—껄
웃어 대며 마주치는 건배(乾杯)

진초록
푸르른 우정(友情) 덩실덩실 넘친다

# 보리밭

파릇파릇
새싹 춤추는 보리밭

지긋지긋했던
보릿고개 알고나 있을까

너마저 없었다면
힘든 고개 어이 넘었을까

끄니 때 되면
밥 달라 울며 보채던 어린 새끼들

동트자마자
남의 집 품팔이 나서 보지만

숟가락 하나
얼마나 무서운지

코흘리개
어린 딸년 식모살이 보내 놓고

보리밭
주저앉아 몇 날 며칠 울었지

나 죽으면
제사상 차려 줄 개구쟁이 아들 녀석

재 너머
머슴살이 보내던 전날 밤

밤새도록
끌어안고 울고 또 울었지

보리밭
노릇노릇 익어갈 때면

새끼늘
보고 싶어 울다 잠들었지

## 너였으면 좋겠어

이런
너였으면 좋겠어

차르르
몽돌해변 물 빠지듯

시원시원하게
살아가는 너였으면 좋겠어

욕심 같아선
따사로운 봄날처럼

향기로운
너였으면 더욱 좋겠어

이것저것
꼬치꼬치 따지지 아니하고

아무 때나
웃어주고 울어주는

포근한
너였으면 좋겠어

그러다
아무리 힘들어도

아무나 안아 주는
용기 있는 너였으면 좋겠어

제 02부

# 아카시아꽃 나 몰라라 필 때면

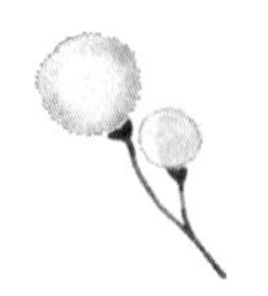

# 호박잎 국

한여름
돌담장 올라선 호박 잎사귀

성질머리
까실까실 거칠어도

뙤약볕에
시들시들 가쁜 숨 몰아쉰다

마디마디
뚝뚝 꺾어 담은 호박잎

확독에
바락바락 문지르고 쓱삭쓱싹 비벼본다

톡 쏘는 풋고추
짓이긴 하지감자 풀어헤친 막된장

엄마가
끓여주신 호박잎 국

한 대접 뚝딱
두 그릇이나 먹었다

# 분꽃

분이가
심어 놓은 분꽃

아침 이슬
보듬고 피었습니다

수줍어
다소곳 웃어보다

해 뜨자
가녀린 그리움 묻어 둡니다

걸핏하면
울곤 했던 분이

어느 날
소리 소문 없이 고향 땅 떠났습니다

싸릿문 밖
포기 포기 심어 둔 분꽃

어디로
떠났는지 모르고 피었습니다

어디선가
울며 피고 있을 분이

왠지
자꾸만 그리워집니다

# 아카시아꽃 필 때면

꿈속에서라도
꼭 한번 만날 수 있다면

아카시아꽃
송이송이 뿌려 놓고

꼬—옥
끌어안고 잠들고 싶습니다

꽃이파리
바람에 흩날리던 날

옥색 옷고름
잘근잘근 깨물며 울먹이던 순이

등 떠밀려
억지 꽃가마 타고 떠났습니다

담장 뒤
숨어 울던 머슴마

몸부림치던 모습
차마 눈 뜨고 바라볼 수 없었습니다

올해도
이야기 속 이야기처럼

순이 속옷 닮은
하얀 아카시아꽃 피었습니다

죽음마저
넘어설 듯 끈적끈적했던 사랑

둘만의
드러낼 수 없는 슬픈 사랑이었습니다

아카시아꽃
나 몰라라 필 때면

밤마다
순이가 찍어 바르던 분 냄새 그리워집니다

# 산딸기

살금살금
다가오는 낯선 손아귀

바들바들
떨고 있는 날 살며시 끌어안고

포동포동
여문 몸뚱아리 더듬는다

몸부림쳐 볼
겨를 없이

부끄러움에
지그시 눈을 감고 말았다

바람 따라
찾아온 이놈 저놈

밤낮
성가시게 추근대도

여지껏
잘도 버텨 왔건만

왠지
이번만은

떨려 오는
가슴 주체할 수 없구나

# 천렵(川獵)

언덕배기
풀 잎사귀 산들산들 춤추고

검은
물잠자리 한가로이 나는 여름날

산모퉁이
휘감고 불어오는 냇바람 시원하다

천렵꾼
더듬더듬 물살질에

꺽저기
갈겨니 돌무더기 숨어들고

눈치 빠른
버들치 풀섶에 몸을 숨긴다

족대 든 사내들
살금살금 에워싸자

물살 타고
마실 가던 피라미 떼

엉겁결
족대 덫에 걸렸다

강변에
걸어 놓은 솥단지

수제비
몇 점 던져 어죽 한번 끓여 볼까

아니면
풋고추 애호박 썰어 넣고

얼큰한
매운탕 끓여 볼까

아무렴
둘러앉아 쐐주 한잔 걸쳐 보자

# 조약돌

사랑한다
말한들 무엇하랴

그리움도
지치면 짐이 되는 것을—

허구한 날
투닥투닥 다투다 멍들면

검붉던
사랑도 어찌할 수 없더라

엉덩이짝 흔들며
좋은 척 살아가는 삶

시도 때도 없이
들락거리는 바람기 지겹다

온 천지
밤꽃 향기 뒤덮인 초여름

바삭바삭
마른 입술 타들어 가고

앙칼진
몸뚱아리 탱글탱글 익어 간다

원망도 잠시
거친 숨 몰아쉬던 조약돌

오묘한 사랑 앞에—

아랫도리
훌러덩 벗어 던진다

# 여치

누런
보릿대 엮어 만든 여치 집

여름날
처마 밑에 달아 놓았지

풀숲에서
잡아 온 여치 한 마리

여치 집 집어넣고
울기만 기다리고 있었지

며칠 만에
찌르르르—찌르르르 노랫가락 들려주던 너

왠지
애처롭고 처량하게 들려왔지

철들어
생각해 보니

그때
너에게 했던 못된 짓거리 후회스럽고

온몸으로
울어 대던 너

얼마나
날 원망하며 울었을까 싶어

가슴으로
울고 또 울었지

# 님아!

님아!
그리운 님아

그대
지금 어디 계시나요

난
그대 기다리다

어둠 속
헤매고 다닌답니다

그대
날 잊으신 건 아니겠지요

그렇지 않다면야

그 어떤
기별 하나 주시지 그랬어요

그리도
밝고 밝던 달

구름 속
숨어 버리듯 자취를 감추고 말았으니

답답함 속에
그리움 원망으로 영글어 갑니다

님아!
그리운 님아

때아닌
궂은비에 왜 이리 슬퍼질까요

그대
이 세상 살아 계신다면

단
한 번만이라도

날
잊지 않고 있다고 말해 주세요

## 뽀뽀

우린
만날 때마다 뽀뽀를 한다

가끔은
숨어서 남몰래 할 때도 있다

그럴 땐
양철지붕 때리는 빗소리 들려온다

잠겨 있던
자물쇠 비밀번호 풀리고

멍하니
젖어 들던 설렘 다듬이질한다

어슴푸레
그대 맘 보이는 것 같아 행복하다

사랑도
처음엔 이렇게 시작된다고 하였다

내
모든 것 훔쳐 갈 날 언제일까

구름조각처럼
떠다니는 연분홍 뽀뽀

돌개바람 불어도
끄떡없을 그대 이랑 깊은 곳에

사랑이란
씨앗 한 톨 심어 놓아야겠다

# 잊으리라

잊으리라
—잊으오리라

곱디곱던
꽃이파리 시들시들 변해 갑니다

홀로
피어 울던 그리움

첨 보는
바람 앞에 속절없이 흔들립니다

가슴 깊이
남 몰래 묻어 두었던

사랑의 맹세
허무하게 무너져 내립니다

그대 모습
까맣게 잊혀져 갑니다

붙들고 있던
미련(未練)마저 사그라듭니다

무작정
기다리며 살아갈 순 없습니다

이렇게
살아가기엔 인생이 너무 짧습니다

어느 날
누군가 날 사랑한다 다가올 때

그를 위해
향긋한 가슴 하나 비워 놓고 있어야 하니까요

"잊는다는 건
자연스러운 일 아니냐"고

지나가는
바람 붙들고 물어볼까 합니다

# 우리 한번 만나요

우리
한번 만나요

인연
연분 따지지 말고

자주
만나는 친구처럼

우리
한번 만나요

그렇게도
하고 싶었던 이야기

조각조각
펼쳐놓고 이어보고 싶어요

어쩌다
마주쳐도 어색하지 않는

그런
사람으로 만나고 싶어요

그래 볼걸
먼 훗날 후회하지 말고

늦기 전
우리 한번 만나요

## 정거장

떠날 시간 다가오자
주룩주룩 내리는 비

참았던 눈물인가
이별의 눈물인가

발가벗은 신작로

빗방울
둥—둥 떠내려가고

비에 젖은 코스모스

가녀린
순정 끌어안고 울음 운다

떠나가면

영영
마주할 수 없는 사람

마냥
바라만 보고 있을 수 없어

난

미친 듯
와락 끌어안고 말았다

# 빨래터

"엊그제 밤
저어기 보리밭에서

어쩌고
저쩌고 그런 일 있었다메—

이번엔
어떤 놈하고 그랬디야—?"

꾸물꾸물
기어다니던 토막 난 소리 소문

엮어지고
부풀려진 입소문에

흥이 난
엉덩이 들썩인다

"아이고
점순이년 기어이 집 나가고 말았디야

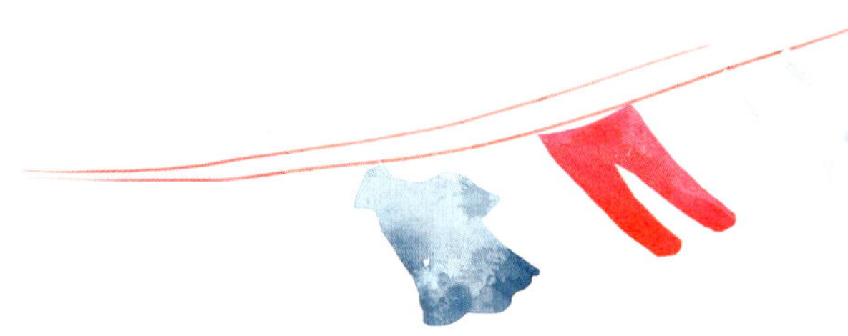

아 그럼
자빠뜨린 놈 따로 있는디

엉뚱한 놈한테
시집가라 들볶으니 나가 부렸지"

빨래터
왁짝지껄

이 집 저 집
이불 속 그 짓거리까지 터져 나온다

허구한 날
눈탱이 밤탱이 되어 살아가는 오목 엄니

느즈믹
빨래터 자리 잡고 앉을 때면

저마다
시집살이 살림살이 헹굼질 한다

# 소낙비 내리면

소낙비 내리면

청라(靑羅) 이파리
비슬비슬 자지러지고

실오라기 하나 없는
연약한 맨땅

톡—톡
튀어 오르다 울고 만다

너의 울음
천둥번개 속 파묻혀 비틀려도

설쳐 대던 각다귀
더럽혀진 오욕(五慾)

거센 물살에
씻겨 가는 후련함이여—

움츠렸던 대지
소낙비 내리고 나면

이내 선뜻
유유(悠悠)한 햇살 퍼져 나간다

제03부

# 창가에 홀로 앉아 있다 보면

# 못 잊어

족제비
난장(亂杖) 맞고

허겁지겁
달아나듯 달려 봐도

돌돌 말린 그리움
가시덤불 속 헤어나지 못하겠다

되돌릴 수 없는 길
찾아갈 수 없는 길

꽃 피고
새 지저귀는 이 좋은 세상마저

고혼지(孤魂紙)
사른 불티처럼

희뿌연
이야기 머리 풀고 흩어질 뿐

눈 감으면 아롱거리고
눈 뜨면 피어오른다

못 잊어야
진정 사랑했다 하였던가

여기
노쇠한 풀벌레 한 마리 앉아 있다

# 알밤

어스름
이른 새벽

밤잠 설친
동네 아이들 산에 오른다

산밤 찾아
뿔뿔이 흩어지는 아이들

풀섶
덤불 속 샅샅이 뒤지고 다닌다

떡—
벌어진 채 떨어져 있는 밤송이

다른
애들 눈치챌라

잽싸게
발로 비벼 알밤 집어넣고

쏜살같이
집으로 내달렸던 기억

형아(兄兒)는
툇마루 걸터앉아

날
기다리고 있었지

성묘(省墓) 길
알밤 떨어져 있다

슬픈 영(靈) 젊어지고
짧은 삶 살다 간 형아(兄兒)

집 앞
지나가는 이 기침 소리에도

뒷방으로
숨어 버리던 형아(兄兒)

밤톨
몇 알 주워 들고

안아 주고 싶은
곱추 형아(兄兒) 찾고 있다

# 그렇더라

그렇더라

가을엔
어디론가 훌쩍 떠나고 싶더라

때로는
이따금 떠오르는 누구와

그렇고 그런 일
생길 것만 같아 설레기도 하더라

어느 날
누군가 불쑥 나타나

여지껏
한 번도 경험해 보지 못했던

뜨거운 사랑
고백할 것만 같더라

하늘 저편
붉은 노을 타오르는 찻집에 홀로 앉아

나도 모르게
누굴 기다리고 있는 척 앉아 있더라

낙엽
한 닢 두 닢 떨어지는 가을 길

생뚱맞게
아무나 힐끔힐끔 쳐다보며 걷더라

그러다
이내 혼자라는 걸 알았을 땐

붉게
물들었던 가슴 허허(虛虛)로워져

털 푸 넉
주저앉아 울고 싶더라

# 들국화

가을
물들어 가는 오솔길

들국화
활―짝 피었습니다

수줍음
잔뜩 안은 햇살 나뭇잎 사이 숨어들고

사색(思索)에 빠진
가을 사랑 바람에 흔들립니다

가슴으로 피었다―
가슴으로 지고 싶었다는 너

빠알갛게
곱게 물든 가을 산 바라볼 때마다

잊혀 가던
님의 모습 떠올라 얼마나 아파했을까

남들처럼
깊은 사랑 빠져들고 싶은 마음 오죽했을까

짓궂은
비바람에도 어여쁜 꽃으로 피어난 너

아 무 나
함부로 범접(犯接)할 수 없는 도도한 너의 자태(姿態)

누 구 나
한 번쯤 미치도록 설렌다 하였겠다!

# 단풍

내
이리 물들어 울음 울 줄 몰랐습니다

당신 소식
더 이상 알 길 없어

빠알갛게
멍들고 말았나 봅니다

하늘 멀어
푸르름마저 허허로워 보이고

수많은
이야기 가을바람에 흩날립니다

그대
이름 한번 부르며 안기고 싶었던 나

왜
이리 울고 있는지 이제 알겠지요

모진
비바람 찬 서리 견뎌왔건만

과년(瓜年)의 부담
더 이상 감당할 수 없었답니다

사그락
사그락 나의 울음소리

산허리
넘어가는 갈바람 속 자지러집니다

# 다시 한번

울긋불긋
물들인 다홍치마 벗어 던진 산

골짜기마다
차곡차곡 가랑잎 쌓여 갑니다

뒤돌아보니
뒤틀린 엉긴 아픔 아파 오고

별이 되어 사라져 간
아름다웠던 이야기 그리워집니다

보이는 것보다
보이지 않는 것 찾아 헤매던 세월

활—활
타오르던 장작불 사그라들고

술독에 빠져
허우적거리던 청춘

마른땅 젖은 소리
야위어 가던 울음소리 들려옵니다

찬바람
불어옵니다

이른 아침
들창문 활짝 열어 봅니다

돌담장 끌어안고
붉게 피어 있는 장미꽃 바라봅니다

그럴 수만 있다면
정말 그럴 수만 있다면

그때
그 자리 훌쩍 돌아앉아

다시 한번
저렇게 물들고 싶습니다

# 산머루

모진 비
홈초롬이 머금은 산머루

햇살 담은
마파람에 보시시 웃어봅니다

뜻 모를
설렘 안고 살아가는 덜망*

시콤달콤
그리움 영글어 갑니다

산골 아이
넝쿨째 매달고 내려간 후

산까치
푸드득 날아듭니다

두려움에
파래진 몸뚱아리

어느새
파들파들 떨려 옵니다

멀찌감치
떨어져 바라보면 안 될까요

톡—톡
쪼아대는 아픔 서글퍼집니다

제발
이러지 마세요!

이슬처럼
사라져 버린 허망한 사랑이었지만

한때나마
날 뜨겁게 달구었던

그리운 이
그리며 익어가고 싶답니다

* 덜망 : 전라도 동부 산간지방에서 쓰이는 방언으로, 돌이 많고 덤불로 뒤덮인 산기슭.

# 사랑하고 싶어라

황새목재*
넘어온 더덤바람

십 리 밖
머물러 있던 그리움 빨갛게 물들여 놓고

가을걷이
끝나가는 들판 더듬더듬 지나갑니다

가을은
울긋불긋 바람난 계절

살며시
다가온 바람둥이

나더러
사랑 한번 해 보라 들쑤신다

산 아래
노루 한 쌍 뱅—뱅 돌고 돌다

단풍
물들어 가는 골짜기 숨어들고

찬 이슬 맞으며
홀로 핀 들국화

핑크빛 사랑
꿈을 꾸는 가을

나도야
화끈한 사랑 한번 해 보고 싶어라

올가을엔
꼭 한번 그리하고 싶어라—

*황새목재 : 전북 진안군 부귀면 궁항리 운장산기슭 서쪽에 있는(해발 496m)고개.

# 홍시(紅柿)

속마음

빠알개진
너의 고운 빛깔 알기 전엔

떨떠름했던
풋사랑 조릿대다 원망도 많았다만

흙 묻은 손으로
덥석 안아 주던 순백(純白)한 사랑

이제라도
돌돌 말아 껴안고 살아가리라

누가
멀쩡했던 땡감 이리 떨어져

허무한 이별
안겨주고 떠날 줄 알았겠는가

시린
무서리 온몸 뒤집어쓰고

옥빛 하늘
우듬지 볼고족족 매달려

터질 듯
말랑말랑 붉어지는 널 볼 때마다

사랑이 뭔지
되살아나는 그리움 미치겠더라—

# 이렇게 만났습니다

우린
이렇게 만났습니다

들꽃
송이송이 피어나던 어느 가을날

갈바람
허전한 가슴 스치고 지나가던 곳

호젓한
호숫가 자그마한 카페

둘 다
홀로 앉아 창밖을 바라보고 있었습니다

몇 번인가
눈길 마주치자 살짝 웃어주던 그대

정말이지
설레는 가슴 감당하기 어려웠습니다

살며시 다가가
“옆에 앉고 싶다” 말했지요

말문 열기까지
얼마나 가슴 떨려 왔던지—

그런 후
별빛 쏟아지는 어느 날 밤

우린 사랑이란
웅덩이에 빠져 버리고 말았습니다

이제
내 가슴속엔 오직 그대뿐

종로(鐘路)거리
인사동 골목 손잡고 다닌답니다

# 삼촌(三寸)

우리 할매
툇마루 걸터앉아 울고 있다

외광목
하얀 치맛자락

연신
흐르는 눈물 닦아내기 바쁘다

날 궂거나
명절 돌아오면

그날은
우리 할매 서럽게 우는 날이다

목마
태워주며 예뻐해 주던 삼촌

똑똑하고
장래 촉망된다 하여

소 팔고
논 팔아 한양으로 유학을 보냈더니

억지로
끌려가 총알받이 된 삼촌

시신(屍身)마저
영영 돌아오지 못했다

끌려간
그날이 제삿날이고

우리 할매
한 맺혀 가슴 쥐어뜯는 날이다

# 외로운 꽃

가을 산자락
산국화 활짝 피었습니다

불어오는 갈바람
어디서 오는지 모르면서

물들어 가는
단풍잎 물끄러미 바라봅니다

진한
향기 머금고 홀로 피어 있는 외로운 꽃

도토리
주워 담던 산골 아낙

산국화 옆
쭈그리고 앉아

꽃이파리
한 잎 두 닢 어루만져 봅니다

니
사랑한다는 말 한마디 하지도 못하면서

어찌하여
홀로 피어 있느냐!

아무리
지고지순(至高至純)한 사랑 기다리며 피었다 해도

그래 보았자
뉘 알아주는 이 아무도 없는 세상이란다

나도
니처럼 그리 살다

이리
늙고 말았단다,

# 나만 외로운 줄 알았어

나 만
외로운 줄 알았어

혼 자
걷다 보면 그런 생각 들었어

나 만
울고 싶은 줄 알았어

걸핏하면
눈물 글썽거려 그런 생각 들었어

나 만
혼자인 줄 알았어

창가에
홀로 앉아 있다 보면 그런 생각 들었어

나 만
이렇게 살고 있는 줄 알았어

맨날 맨날
외롭게 살다 보니 그런 줄만 알았어

보 니 까
여기저기

우두커니
홀로 앉아 있는 사람들 많았어

나만
외로운 게 아니었어!

# 산딸나무꽃

산모퉁이
돌고 돌아 엄마 보러 가는 길

길은
그대로

날망으로
이어진 험한 길

조릿대
촘촘히 지들끼리 살아가는 외진 곳

순백한 여인네
나비 되어 앉아 있다

뉘 그리며
이곳에 숨어 피어 있었을까

하얀 속살
바람결에 보일 듯 말 듯

세월에 쫓겨
터 잡은 엄마 집 아래

산딸나무꽃

그리움
끌어안고 피어 있다

제04부

# 소쩍새 울음 울던 봄날

# 꽃신

며칠째
손꼽아 기다렸다

설 앞
읍내 장에서 사다 주신 꽃신

신었다
벗었다 폴딱폴닥 뛰어본다

잠들기 전
머리맡 놓아두고

잘 있는지
손 뻗어 수없이 만져본다

해야—
어서 뜨라!

골목길 신고 나가
실컷 자랑 한번 해야지—

이러다
물둥천 해 뜰 때까지 늦잠 자고 말겠다

# 기도(祈禱)

일어나세요!
일어나야 합니다

마음 아파
울고 있는 그대 위해 기도합니다

슬픈 일
겪다 보면 참으로 힘이 듭니다

누가
같이 울어 줘도—

누가
같이 옆에 있어 줘도—

썩어
문드러져 가는 단장(斷腸)의 아픔,

그리
쉽게 아물지 않습니다

그 누가
그 아픔 헤아릴 수 있겠습니까

아무리
미친 듯 날뛰어본들

슬픔
그리 빨리 사그라들겠습니까

청천병력 같았을 현실—

하루가
여삼추(如三秋) 같은 인고(忍苦)의 세월—

잘
견뎌내고 계십니다

그대여!

이제
일어나세요

그대
일어나야 합니다

그대는
아직도 향기 가득한 봄이랍니다

# 순정(純情)

물비늘
일렁이는 은가람 길

그대 생각
끌어안고 걸어 봅니다

사락사락
진눈깨비 마른 입술 더듬고

감푸른
머플러 소소리바람에 펄럭입니다

우연히
마주칠 때마다 부끄러워 고개 숙였던 우린

정들자
정답게 손잡고 걸었습니다

우리들의
사랑 영원할 줄 알았습니다

어느 때부턴가
한 자락 두 자락 먹구름 드리우자

그 진실 알기도 전
공기 속 흩어지는 수분(水分)처럼

허무하게
사그라지듯 멀어지고 말았습니다

아픈 기억
두 번 다시 찾아올까 두렵지만

까까머리
그 소년 그립습니다

# 동백꽃

어찌하여
모진 한설(寒雪) 거친 바람 끌어안고 피었느냐

아무리
운명이라 할망정

무던히
힘든 세상 살아가고 있구나

다붓이
님의 품 살포시 안겨

사르르르
잠들고 싶을 때도 많았겠지

동트는
이른 새벽 동박새 찾아들면

피그시
웃어주며 맞이하는 너의 모습

측은타 못해
눈시울 붉어진단다

기다리다
그리워하다 가슴 두드리다

빠알갛게
멍이 든 몸뚱아리 내던진 일편단심

그런 너에게
연인(戀人)처럼 다가설 수 있다면

난 널
한 번만이래도 안아 보고 싶구나

# 알고 싶습니다

크레오파트라처럼
요염하지 않았습니다

청순한
오드리 헵번 닮았지요

숨어 버린
당신이 그렇다는 겁니다

언젠가
보고 싶다 했더니

바로
던져준 핑크빛 미소

끝나지 않을
봄날 계속될 줄 알았죠

다음에
만나면 안아 보고 싶다 했을 땐

그런 일 없었으니
그렇게 해 보자 했지요

그런데
어느 날부터 소식 끊기고 말았습니다

이곳저곳
수소문해 봐도 찾을 길 없었지요

기약할 수 없는 만남
못 잊을 그리움보다

아픈 만큼
그러지 않을 이유 알고 싶습니다

# 겨울나무

속삭여 주세요
아무도 모르게

안아 주세요
몹시 추워요

그대
언제 오시려나 기다리며 살아갑니다

날
달아나지 못하게 붙들어 놓은 당신

살아오는 동안
생생한 아픈 기억 많고 많지만

정말
달아나고 싶은 적 없었답니다

해깝지 않은
석양 노을 산마루 걸터앉을 때면

슬픈 하늘
이불 삼아 잠들곤 했지요

다시는
날 슬프게 하지 않겠다 약속해 주세요

초라해져 가는 나신(裸身)
뜨겁게 뜨겁게 안아 주세요

나에겐
오직 당신뿐이랍니다

# 그대 그리워지는 밤

그대
그리워지는 밤입니다

사각사각 내리는 눈
치워도 치워도 쌓여만 갑니다

하얀 눈 속
푸욱—푹 빠져가며 다가온 그대

설레고
포근했던 밤 잊을 수 없습니다

참꽃 피고
소쩍새 울음 울던 봄날 밤에도 그랬습니다

떨쳐내지 못하는 정
밤마다 오드득—오드득 깨물어 봅니다

깨금알보다
고소했던 그날 밤 잊을 수 없습니다

언제라도
내 곁 훨—훨 날아 다시 오신다면

와락 끌어안고
밤새도록 흰 눈 속 뒹굴고 싶습니다

# 장침가(長枕歌)

달빛 아래 그림자
내 님인가 싶어

방문 열어 놓고
장침가(長枕歌) 불러본다

여린 새싹
봄바람에 파들파들 솟아나고

강기슭
쟁기질 소리 봄 일구던 날

구름 싣고
흘러가는 강물처럼

정든 님
정든 손 뿌리치고 떠나갔지

죽네 사네
울며불며 살아온 세월

개울가
붉은 찔레꽃으로 피어나

밤마다
가슴 저며 드는 슬픔 되고 말았지

# 그릇

모처럼
따사로운 햇살에 짚시랑물 떨어지고

짧은
위로(慰勞) 잠시

시려오는
어둠 내려앉는 밤입니다

술잔
주거니 받거니 날밤 새우며

철학적
아가페(agape)사랑 논쟁 심취했던 그대

큰
그릇 하나 품에 안고 살아가던 그대

어느 날
창백한 미소 잔잔한 행복 뿌려 놓고 떠나갔습니다

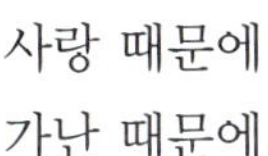

사랑 때문에
가난 때문에

꿈을 잃은
슬픔 때문에—

토해 내지 못한
삶에 억장 끌어안고 살아간다 해도

이만한 세상
그 어디에도 없다 했던 그대

우리 모두
축복 속 살아가는 한 송이 꽃이라 했던 그대

서랍장 들춰 보니

하나뿐인 통장엔
달랑 13원 담아 놓고 떠났습니다

# 섣달그믐

종로 3가
낙원동 떡집 골목

늘어선 사람들
이제 보니 내일이 설날이란다

“엄마—
내려갈 수 없을 것 같아요”

전화 한 통
망설이다 돌아서는 섣달그믐날 밤

차디찬
공중전화 부스(booth) 우두커니 바라보고 서 있다

며칠째
나섰던 품팔이마저 끝나버린 지 오래

복받쳐 오는 그리움
막걸리 한 사발로 지워본다

지금
포근했던 엄마 품 생각에

지그시
눈을 감고 살포시 안겨 본다

내 머리
쓰다듬으며 방긋 웃고 있는 울 엄마

"이놈아!
아무리 그래도 명절 땐 집에 와야지"

오늘 밤엔
주름살 골골마다 자식 생각 흘러내리고 있겠지

뜬 눈으로
싸릿문 밖 내다보며 홀로 울고 계시겠지

# 사유(思惟)의 자유

한 번
건넌 강 되돌아올지언정

투영되는 현상
내밀하게 집착해 보아라

분방(奔放)한 행동
후회의 늪 빠져들기 전
통증
느낄 만큼 사유(思惟)하라

사유(思惟)의 자유
그대 묶이려니

사랑이든
우정이든

순정의 신뢰
아무나 소유할 수 없는 진주(眞珠) 같으니

# 잊히지 않는 곳

우물 찾아 물 마시고
화전(火田) 일궈 끼니 때우던

내
어버이 살다 간 이곳

뒤이어
날아드는 산새들 터가 되었다

산천엔
그때 그 꽃 피고 지건만

다시
만날 수 없는 인연 흔적조차 없구나

어쩌다
그리 만나 정붙이고 살았던 곳

아직껏
잊히지 않고 되살아나는 건

그리움
그리움 때문이다

# 군산항

갈기갈기
찢긴 항문 열어제쳐 놓고

아파도
울지 못했던 너

끙끙 앓으며
무던히 참고 살았지

선창가
쌓여 울던 쌀가마니

빈손으로
돌아가던 달구지

악어의 주둥아리
넋을 잃고 바라보았지

왜(倭) 섬으로
떠나가는 뱃고동 소리에

국적 없는
갈매기 따라 울고

휜 허리에도
오달지게 칼 갈던 사람들

방앗간
발동기 소리에도 슬퍼 울었지

군산항
말 한마디 못 하고 울고 있었지

# 부르지 않아도

부르지 않아도
난 그곳으로 가고 싶다

새들
노래하는 숲속 아닌

파도
가슴속 이야기 들춰내는 바닷가 아닌

난
그곳으로 가고 싶다

그런데
왜 자꾸 망설여질까

지금껏
가슴 깊이 간직하고 살아왔던 소녀

만날 때마다
미치도록 설레게 했던 소녀

우린
헤어지지 않겠지

혹여
그런다 해도

우린
다시 만날 수 있겠지

그렇게
살아왔던 세월 너무 많이 흘렀습니다

날
까맣게 잊었다 해도

어디에
있는지 알 수만 있다면

이제
만나 아무 말 하지 않고

그냥
한 번만이라도 안아 보고 싶습니다

# 의정부(議政府)역에서

진눈깨비
내리는 의정부역(議政府驛)

한시라도
잊을 수 없어 잊은 적 없는

가슴 속
꽃이 되어 피어 있는 사람

무심히
지나가는 전철 안 침묵과 달리

곰삭지 않고
떠도는 뜬소문 사실일까 싶어

역(驛) 앞
삼거리 온종일 서성인다

아직껏
사래질 치지 못한 살가운 정(情)

길 건너
로데오거리 풀어헤쳐 놓고

눈이 큰 그대

혹시나
지나가지 않을까 기다려 본다

제 05부

# 사랑이라는 것

# 그냥 좋다

그냥 좋다

말하면 뭘 해
그냥 좋은걸

바라만 봐도 그렇고
생각만 해도 그런걸

이것저것
구질구질 따질 필요 없이

그냥
좋은 걸 어떡해

누가 뭐래도
내가 좋으면 그만이지

더 이상 뭘 바라
그러면 되는 거지

이러다
엎어지고 뒤집어지다 보면

뜨겁게
끌어안고 사는 거지

# 누나의 첫사랑

누나는
첫사랑 누군지 모른대요

워낙
벌떼처럼 달려드는 유혹 앞에

좋은 게
좋은 거라 생각하고 다 받아 줬나 봐요

찔벅거리는 사내들
자기를 무척 사랑하고 있는 줄 알았나 봐요

눈물
쪽—쪽 빨아먹고 달아날 줄 몰랐나 봐요

나이 들어
후회하며 살아간대요

왜
그렇게 살았는지 모르겠대요

누나는
혼자 살고 있어요

난해(難解)한
피카소 그림 속 허우적거리며

오늘도
쓸쓸히 창가에 앉아 있어요

# 너였니?

살랑살랑
간드러지게 뒤따라오더니

그게
바로 너였니?

두근거려
뒤돌아보지 못하고

누구일까
설레기만 했는데

그게
바로 너였다니

고작
살짝 스치고 지나갈 바에야

그냥
모른 척 지나갈 것이지

어이하여
멀쩡한 날 흔들어 놓고

나 몰라라
도망치고 말았니

그러니
사람들 너더러

바람난
바람이라 하더라

# 미안해

미안해!

널
사랑한다 말해서 미안해

그리 쉽게
던지는 말 아니었는데

너
감당할 수 없는 말 내뱉은 것 같아 미안해

사랑한다는 말 듣고 나서—

얼마나
많은 생각하며 뜬 밤 새웠을까 싶어 미안해

사랑이란
단순한 코미디 아니라는 걸 몰랐어

말 한마디에
죽고 사는 줄도 몰랐어

정말
사랑한다고 말해서 미안해

살다 보니
별꼴 다 보고 산다 생각하고 잊어 줘

미안하다는 말
이것마저 미안해서 미안해

## 미워할수록 그리운 사람

미워할수록
그리운 사람 있습니다

시도 때도 없이
내 가슴속 내려앉아

제멋대로
휘젓고 있는 사람 있습니다

잊혀지지도
지워지지도 않는 사람

스스럽던 고비
수차례 넘나들었지만

한때는
사랑해서 좋았던 사람입니다

따뜻함과 포근함
찌릿한 설렘 통째로 들쳐 멘

연분홍
입술 향기 뿌려 놓고 떠난 사람입니다

꿈속에선
잡힐 듯 안길 듯하다

동트기 전
말없이 떠나가는 사람

미워할수록
그리워지는 사람입니다

# 잊혀진 이름

입안
빙빙 돌던 이름

세월 가니
잊혀지고 말았습니다

성(性)씨는 알겠는데
이름 두 글자 떠오르지 않습니다

어디를
같이 갔었고

활—활
불꽃처럼 타오르던 사랑 생생하건만

도무지
그대 이름 떠오르지 않습니다

이리
쉽게 잊혀질 줄 알았다면

어디에다
또박또박 적어 놓을걸 그랬습니다

잊혀진
그대 이름 떠오르지 않아 슬퍼집니다

이러다
얼굴마저 잊혀질까 두렵습니다

# 안부(安否)

간밤에
꿈을 꾸었습니다

깨금알 같은
고소한 꿈 아니었지만

꿈속에서나마
만날 수 있어 기뻤습니다

어설프고
흡족하지 못한 백두여신(白頭如新) 같았던 사이였지만

반딧불이 잡겠다며
뛰어다니던 어릴 적 모습 그대로였습니다

유난히
부끄러움 많았던 철부지

졸래졸래 따라다니며
힐끔힐끔 쳐다만 보았지

좋아한다
말 한마디 못 했던 순진했던 아이였지요

별똥별
우수수 떨어집니다

그의 모습
어디로 갔는지 보이지 않았습니다

아쉬움보다
불길한 생각에 벌떡 일어났지요

연약한 허수아비처럼
우두커니 앉아 있는 그리움 보았습니다

살아 있는지
아니면 어찌 되었는지 알 수 없지만

이제야
간절한 안부(安否) 전해 봅니다

# 모를 일이야

모를 일이야

알다가도
모를 일이야

사랑한다 하면서

가슴속
바람처럼 파고들더니

어느 날 갑자기

토라진
그대 모습 바라보면

사랑이라는 것

여우 꼬리
감추듯 변덕스러워

도 대 체

알다가도
모를 일이야

# 눈치

옆집 강아지—

나만 보면
꼬리 치며 앵긴다

쟈—식
눈치 하나 빠르다

내
지네 집 이쁜이와

그렇고
그런 사이라는 걸 어찌 알았을까

처음
마주쳤을 땐

잡아먹을 듯
으르렁거리더니

참—
뻔뻔스럽고 약삭빠른 놈

이제 보니
털 없는 원숭이 빼닮았다

# 미아리 고개

단장(斷腸)에
눈물고개 아랫 둠

차마
맺은 연분(緣分) 접을 수 없어

아픈 상처
끌어안고 살아가는 사람 있습니다

보는 것
듣는 것 걷는 것조차 시원찮은

가여운
여인네 외롭게 살아가고 있습니다

사랑에
짙게 물든 연인들 볼 때마다

여보야!
소리치며 들어설 것만 같아

대문 빗장
풀어 놓고 여지껏 살아왔습니다

사랑이
얼마나 달콤한지 알기도 전

눈물마저 마르게 한
억장(億丈) 묶어놓은 철삿줄

운명이라 하기엔
너무나 슬픈 이별이었습니다

당신이
날 버리고 떠나신 게 아니었기에

세상 원망할 뿐
당신을 미워하지 않았습니다

이제
사랑도 썩어 문드러져 가는 삭신처럼

멍든
그리움 붙들고 거친 숨 몰아쉽니다

# 울었습니다

울었습니다

오직
한 사람 삶의 궤적(軌跡) 더듬다

너무
가슴 아파 울고 말았습니다

꿈과 희망
두루두루 갖추고 살아가는 줄 알았는데

영특(英特)했던 그대
당당한 기개(氣槪) 어디론가 사라져 버리고

돌부리에 넘어지고
엎어지며 빼틀빼틀 살아가는 모습

차마
눈 뜨고 바라볼 수 없어

울고
또 울었습니다

누구나
사랑했던 사람 잊을 수 없지만

어디메
누구랑 어떻게 살아가든

그냥 그저
행복하게 살아가길 바라고 바랄 겁니다

하지만
그게 아니었습니다

제발
그럴 수만 있다면

내
그대 무거운 짐 짊어지고 싶습니다

# 소꿉질

왜 이리
세상 쓸쓸하게 가라앉을까

하나둘
사라져 가는 허무한 인생

소꿉장난 떠올라
찾아간 장례식장

차마
울 수 없어 돌아서고 말았다

엉덩이 까발려 놓고
주사 놓던 가시내

엄마라며
새금파리 늘어놓고

밥 먹어라
소리소리 질러 대던 가시내

어떤 땐
지 맘대로 각시 신랑 정해 놓고

오만(傲慢)
아양 떨며 낄낄대던 가시내

내
여기 온 줄 아는지 모르는지

영정(影幀) 속
가시내 보조개가 웃는다

# 꿈만 같습니다

당신이
생각하고 있는 무엇이든

당신이
가고 싶은 어느 곳이든

같이 생각하고
같이 갈 수 있다면

그건
당신이 날 사랑하고 있다는 증거입니다

무엇이 잘못되었고
무엇을 서로 원하고 있는지 알 수 있다면

그건
우리 서로 얼마나 아끼며 살아가는지 알 수 있습니다

이렇게
드넓은 세상에서

티격태격 다툴 일
죽네 사네 싸울 일

늘상
있을 수 있겠지만

당신 곁에
요렇게 있을 수 있다는 것만으로도

얻을 것
다 얻은 것 같습니다

정말이지
생각할수록 꿈만 같습니다

# 사랑하며 살래요

사랑하며 살아갈래요

이것저것
따지지 아니하고

매일매일
그리운 가슴으로 다가갔듯이

사랑하며 살아갈래요

때로는
어렴풋이 스쳐 가는 그림자 보았지만

인연보다
더한 운명이라 생각하며 사랑했지요

봄날엔
피는 꽃 보며 그리움으로 살았습니다

한겨울엔
하이얀 눈길 오순도순 걸으며

사랑의 언약(言約)
한 페이지 두 페이지 엮어 갔지요

틈만 나면
새빨간 거짓말로 한눈파는 요즘 세상

설상(雪霜)
황당한 탈거지 닥쳐온다 해도

모른 척
사랑하며 살아갈래요

# 어머

어머!

길 건너
지나가는 저 사람

그때
그 사람 맞는 것 같아

걸음걸이며
그 모습 그대로야

그래도
행복하게 사나 봐

척 보면
느낌으로 알 수 있거든

옛 생각 떠올라
가슴 두근거려 오지만

멀찌감치에서나마
스쳐 가는 그대 얼굴 바라볼 수 있었다니

왠지
내 마음 행복해지는 것 같아

정말이야
정말이야!

# 제 06부

# 꿈만 같았던 세월

# 널 찾아갈 거야

난
널 찾아갈 거야

뽀뽀
해 주지 않아도 널 보러 갈 거야

이러다
단절되는 아픔보다

얼굴 한번
보고 오는 게 나을 것 같아

난
널 만나러 갈 거야

날 피해
어디로 숨어 버린다 해도

난
널 찾아갈 거야

## 울지 말아요

울지 말아요

그리 운다고
모든 게 변하지 않아요

그다지
잘나지도 못나지도 않으면서

강한 자에겐
무던히 강한 척 덤벼들고

약한 자에겐
한없이 연약한 풀잎 같았던 그대

모자람 하나 없는 듯
밑바닥 감추고 잘 살아왔잖아요

산전수전
다 겪으면서도

어린애처럼
천진난만하게 보였던 건 왜일까요

오늘따라
너무 많이 울고 있네요

그대
힘들면 말해 줘요

다른 건 몰라도
그대 끌어안고 같이 울고 싶어요

# 종소리

세월이
휘—익 채 가버린 종소리

잊혀 가던
초등학교 찾았다

소식
알 수 없는 녀석들

방금이래도
책상 밑 숨어있다

우르르
뛰쳐나올 것만 같다

나이 먹은
늙은 학교 쪼그라들고

그리 높던
뒷동산 낮아졌다

종 치면
녀석들 모여들까

교무실 앞
전나무 가지에

종 하나
걸어 놓고 나왔다

# 진안고원

태곳(太古)적부터
우뚝 선 산울타리

내를 내고
들 펼쳐놓은 노령(蘆嶺) 소백(小白)

이곳저곳
살 곳 찾아 떠돌던 이들에게

어서 오라
안아 준 넓은 그릇

덕유산
민주지산 태양 붙들어 놓고

운장산
대둔산 찬바람 틀어막았다

뜬봉샘
금강 젖줄 늘어놓고

세미샘
섬진탯줄 심었다

때마다
흡족하게 내리는 눈과 비

천하 수려계곡
구천동 그려 놓았다

삼도(三道)*
오고 가는 나그네여!

용담호에
한시름 푸—욱 담가 놓고

마이산 높이 올라
너의 꿈 외쳐 보거라!

이 세상
이만큼 살 만한 곳

이곳 말고
어디 또 있다 하더냐

*삼도(三道) : 전라도, 경상도, 충청도.

# 돌무더기

앞산엔
돌무더기 있다

여기저기
아장살이 돌무덤 널려 있다

찔레꽃
피자마자 하얗게 울고

비 내리는 날이면
아가들 울음소리 들려온다

그곳엔
엄니들 아픈 가슴 묻혀 있다

우리
형아(兄兒)도 묻혀 운다

# 신발

하루를 접어
신발장에 넣었다

힘들고
지친 시간 넣었다

날
보듬고 숨 가빠했던 하루

푸—욱
쉬어 보라 넣었다

월급봉투
기다리며 참아 왔을 나날

목구멍
생각하며 울었을 나날

참
애썼다

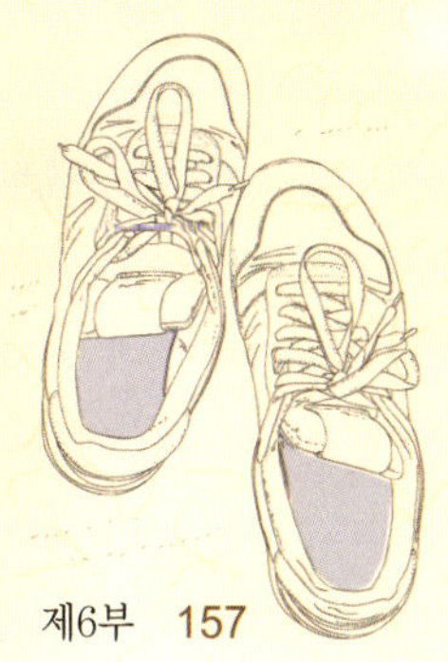

# 그대여

그대
날 사랑한다 말했던가요

아니면
그냥 좋아한다 했던가요

다정했던
그대 미소 잊을 수 없습니다

이제
그때 그 모습마저

오래전
보았던 한 편의 영화처럼

가물가물
맴돌다 사라지곤 합니다

지금 생각해 보면
꿈만 같았던 세월이었지요

그렇게
행복할 수 없었으니까요

그 많던
친구들 하나둘 소식 끊기고

그대
또한 나처럼

어디선가
이렇게 늙어가고 있겠지요

앞으론
죽네 사네 사랑에 빠져볼 일

아픈 이별 때문에
울고불고 괴로워할 일 없겠지요

그대여!
세상 태어나 그대를 만나

한때나마
그대를 사랑할 수 있었음에 행복했습니다

# 난장(亂場)판

때만 되면
쥐나 개나 나대는 난장(亂場)판

뉴스 룸(News Room)
얼굴 내밀던 앵커(Anchor)

여심(女心) 뒤흔들었던
안방 티비(TV) 스타(Star)

태극기
휘날렸던 체육인(體育人)

토론(討論)방
감초처럼 드나들던 평론가(評論家)

니 편 내 편
한자리 끼어들던 대학교수(大學敎授)

사사건건(事事件件)
영향력 행사하던 법조인(法曹人)

정론직필(正論直筆)?
노골적(露骨的) 곡필(曲筆) 일삼던 언론인(言論人)

국록지신(國祿之臣)?
정치판에 충성하던 공무원(公務員)

상대편
죽든 살든 작살내던 저격수(狙擊手)

이래저래
이름 석 자 알려 놓고

한자리
꿰차려고 용(用)쓴다

의리(義利) 은혜(恩惠)
헌신짝 버리듯 내팽개치고

부끄러운 줄 모르고
비비고 무릎 꿇고 핥아 댄다

힘들고
아린 사람 거들떠보지 않으면서

국민(國民)이 어떻고
민주주의(民主主義)가 어떻고

친일파(親日派)가 어떻고
빨갱이가 어떻고

나라
거덜 내는 난장(亂場)판,

누가
누굴 탓할 수 있으랴—!

# 찬스(Chance)

저녁
밥상머리 무겁다

가라앉은
방구석 침침하다

아등바등
뭔가 해 보겠다 발버둥 치는 자식 놈

방바닥 내리치며
세상 원망하던 자식 놈

똑바로
바라볼 면목 없다

남들처럼
찬스(Chance) 하나 만들어 주지 못한

못난 애비
처진 어깨 부끄럽고

애들 애미
눈가에 머문 옷소매 애처롭다

끼니 건너뛰며
빌딩 숲 공장 지대

이곳저곳
기웃거리고 다녔을 자식 놈

들러리인 줄
뻔히 알면서도

한 번뿐인 인생이라
주저앉지 못했다는 자식 놈

판치는 찬스(Chance)
사라져 버린 공정(公正)

찬스(Chance) 하나 있으면
바보 똥 대가리도

무엇이든
다 이룰 수 있는 세상

저놈들 세상 그렇더니
이놈들 세상 똑같다

세상
무서운 줄 모르고 날뛰는 머저리들

이게 나라냐?

오천 년
말아먹을 잡것들아!

# 다행입니다

먼발치에서
물끄러미 바라보았습니다

까르르—
행복해하는 웃음소리 들려옵니다

누가
들어봐도

누가 보아도
행복한 모습입니다

어쩌나 했던
그늘진 흔적 찾아볼 수 없습니다

다행입니다

그토록 아파하며
흥건히 젖어 울던 그날의 기억

이제
안심하고 잊어도 될 것 같습니다

발걸음
가벼워집니다

몰래
슬피 울던 사랑의 영토

파 아 랗 게
날갯짓하고 있는 모습 보았습니다

# 미움보다 아픔

미움보다
아픔 찾아왔습니다

가슴속
웅크리고 앉아 있던 한숨

옹이 되어
이곳저곳 찔러 댑니다

사랑했기에
행복했던 뜨락이었는데도

알다가도 모를
엇갈린 감정 자라나고 있었습니다

수습되지 않는
널브러진 이질감 쌓여만 가고

터질 것만 같은
답답함 밀려왔습니다

헝클어져 가는 삶
벗어나고 싶었습니다

달려오는
이별 열차 올라타고 싶었습니다

하지만
언제부턴가

미움보다
그리움 울렁이는 아픔 안고 살아갑니다

# 반지하(Banjiha)

어두운 그늘
반지하(半地下)—

별 보고 나섰다
달 짊어지고 들어서는 곳

희망의 꿈
한 톨 한 톨 모아가는 곳

때론
울부짖고 절규하며 살아가는 곳

자본주의가 낳은
불평등의 민낯

운명이라 하기엔
궁색(窮塞)함 고스란히 쌓여 있는 곳

햇살
한 줌 그리운 어둠 속

곰팡이
구석구석 피어나고

바퀴벌레
떼 지어 기어다니는 곳

비 내리는 날이면
물 폭탄 두려워 잠 못 이루고

한겨울엔
얼어붙은 창문틀 붙들고 봄을 기다리는 곳

밀려드는 허물마저
서민약자(庶民弱者) 몫인 곳

나라님
쪼그리고 앉아 한숨짓던 곳

아린 이곳
도망치듯 달아나고 싶은 곳

우리 딸
옥분(玉粉)이 시집가기 전

꼭
벗어나고 싶은 곳

# 광대(廣大)

풀어헤친 혼(魂)

달빛 곡선 드리우고
동행하는 탈놀이

육신(肉身)
끌어당겨

공(空)에
실(失) 담아 길을 낸다

불꽃처럼
타오르는 생(生)

빛바랜
가면 속 서러워 울고

미친 듯 날뛰던
허허(虛虛)롭던 오욕(五慾)

상투머리
불사르듯

누누(累累)한
불바다에 태워 버린다

실오라기마저
벗어 던진 나신(裸身)

그대여
행복하지 아니한가

# 지 껏도 아니면서

지 껏도 아니면서—

자꾸
지 꺼라고 우기네

내
며칠 전

생판
모르는 이 손 잡고

빠 알 간
성냥갑 속 들어가는 걸

두 눈으로
똑똑히 보았건만

지 껏도 아니면서—

자꾸만
지 꺼라 우기고 자빠졌네

# 레깅스(Leggings)

당돌하다—

여체(女體)의
빛과 그림자

힐끔
쳐다보니 아찔하다

할매
지나가다

뒤로
자빠질 듯 멈칫하더니

이내
고개 돌리고 만다

에그미니—
망측해라 증—말!

낯 뜨거워
고개 들고 다닐 수 없구먼

헝겊 쪼가리
한 장이라도 걸치고 다니지

문학세계대표작가선 1026

# 나만 외로운 줄 알았어

박가박 시집

인쇄 1판 1쇄 2024년 8월 20일
발행 1판 1쇄 2024년 9월 1일

지 은 이 : 박가박
펴 낸 이 : 김천우
펴 낸 곳 : 문학세계 출판부 / 도서출판 천우
등 록 : 1992. 2. 15. 제1-1307호
주 소 : 서울시 광진구 구의강변로 85 강우빌딩 7F
전 화 : 02)2298-7661
팩 스 : 02)2298-7665
http://cafe.naver.com/chunwu777
E-mail : cw7661@naver.com



값 20,000원



ISBN 978-89-7954-937-9